AF360106

PLAINTE
ET
REMONSTRANCE
DE L'IMPRIMERIE
DE LYON,

PRESENTEE AV CONSVLAT
de ladicte ville, le 9. Ianuier 1620.

Ne des alienis honorem tuum, ne fortè impleantur extra-
nei viribus tuis, & labores tui sint in domo aliena,
& gemas in nouißimis, &c. Prou. 5. verf. 9.

A TRES-NOBLES
ET TRES-ILLVSTRES
SEIGNEVRS,

Meſſieurs les Preuoſt des Marchands & Eſcheuins
de la ville de Lyon.

ESSIEVRS,
Les villes ſont vrayement heureuſes,
eſquelles la commune vtilité, & la
mutuelle communication des affai-
res eſt ſi bien practiquee, que l'vn
ne viſe au preiudice de l'autre, &
que ſouz l'accord d'vne ſi belle cor-
reſpondance, tous enſemble dreſſent leurs actions à la con-
ſeruation de ſon heur & proſperité. Entre pluſieurs parties,
qui font le corps d'vne Cité, ce n'eſt pas ſans raiſon qu'a-
pres l'vn & l'autre Magiſtrat, & l'Ordre militaire, l'on
range le commerce & les meſtiers, comme ſouſtien des trois
premiers: & tous ſont eſtablis en telle ſorte, que les vns ſer-
uent à l'ornement, les autres à l'vtilité, & quelques vns à
la neceſſité.

A 2   *Voſtre*

Vostre ville, qui est tres-bien fournie de tout ce qui peut estre de beau, de proffitable, & de necessaire, a dequoy se glorifier auantageusement sur toutes les autres de ce Royaume, à cause des commoditez qui en ruissellent, mesme de l'Imprimerie, laquelle sur tous les arts, nez & entretenus en icelle, y a produit de si beaux fruicts, depuis le temps qu'elle l'a choisie la premiere de France pour sa demeure, que toute l'Europe se sent grandement enrichie de ses labeurs : Mais l'iniure du temps a tellement rauallé son premier prix, que si ce n'est par l'ayde de ceux qui la doiuent maintenir, à grand' peine pourra-elle reuenir à l'estre duquel elle est descheüe ; ains plustost auec sa ruine, elle trainera la perte de beaucoup de personnes, de maisons, voire de familles entieres.

Le plus grand tort, d'ont elle se ressent, vient des Libraires de ceste ville, lesquels aymants mieux proffiter aux estrangers qu'à leurs concitoyens, taschent par tous moyens de diminuer son exercice à Lyon, pour augmenter celuy d'ailleurs, & principalement de Geneue. En quoy ils faillent doublement : Car ils contreuiennent au droict Politic, & au commandement de nos Roys. A celuy-là, d'autant qu'il ne permet pas d'aller chercher au dehors ce que l'on peut auoir au dedans auec pareille commodité, le transport des deniers despoüillant vn Estat de ses moyens, & de ses forces. A celui-cy, parce que leurs Edicts prohibent tres-expressement à tous marchands Libraires & Imprimeurs de ce Royaume, de faire imprimer hors la France, sur peine de confiscation des liures imprimez, & d'amende arbitraire.

Et tou

Et toutesfois eux ingrats enuers leur patrie, & defobeif-
fants à leur Prince, ne laiffent de faire imprimer hors de
fes terres, toutes fortes de liures; Au moyen dequoy, ceux
qui de longue-main & à grands frais ont efté dreffez, audit
Art en cefte ville, font neceßitez de l'abandonner; & portent, à noftre detriment, aux nations eftrangeres ce qui nous
fouloit eftre de plus rare, de plus exquis, & de plus pre-
tieux. Car plufieurs fe font retirez aux Eftats du Roy
d'Efpagne, du Duc de Sauoye, & autres endroits, qu'ils
decorent de ce qui leur manquoit en cela. Les autres
croupiffent inutils, n'ayants pouuoir de furuenir à leur famille, & contraints de mandier, chargent d'autant voftre
aumofne, qui la foulageroient, s'ils eftoyent employez à
l'Art, que leurs peres leur ont laiffé pour tout heritage.

Auffi n'eft-ce pas chofe honteufe, & iuftement repre-
henfible, qu'entre fi grand nombre de Libraires riches &
opulents, qui fe trouuent dans Lyon, il n'y en ait que quatre, ou cinq, qui tiennent & entretiennent en trauail la
plufpart des ouuriers : & que tous les autres faffent imprimer à Geneue, non feulement les liures qui leur tom-
bent nouuellement en main; ains encores ceux que nous leur
auons ja tres-elegamment façonné, & qu'ils ont profitable-
ment diftribué, quoy que nous leur offrions de les r'imprimer aux mefmes commoditez que ceux-là? Mais, defna-
turez, ils aiment mieux combler de richeffes les eftrangers,
que foulager la mifere de leurs compatriotes, les fruftrants
du deuoir auquel naturellement ils font obligez, comme
s'ils portoient à regret l'eftre que Dieu leur a donné.

A 3

Con

Confiderez donc, MESSIEVRS, que cela depeuple imperceptiblement voftre ville des meilleurs ouuriers de l'Europe, deftruit infenfiblement le commerce de la Librairie, & repugne directement à l'ancienne reputation de tout ce pays, lequel tant d'hommes doctes ont reueré pour le feul refpect de l'impreffion des liures, (ainfi qu'ils proteftent en leurs efcripts) lefquels depuis n'ont pas efchappé les mains de ceux de Geneue, qui fe glorifient d'eftre preferez, notamment par les Libraires de cefte ville, à l'edition de tant d'excellents ouurages, qui y ont efté premierement faicts. Acte defendu par les ordonnances de nos Roys, prohibé par les Arrefts des Parlements, & intolerable en vne bonne Police, dont cefte ville eft excellemment renommee par tout.

Outre, que fouz cefte pernicieufe licence, fe nourrit vne impofture, ou pluftoft fauffeté fignalee, laquelle fe recognoit fur le front des liures. Car n'y ofants appliquer le nom de Geneue, fufpect pour l'herefie, ils empruntent celuy de Lyon, & d'autres villes, qui font bien receus ez terres Catholiques. Ce qui ne fe peut faire fans fcandale, & fans crime: veu que les exemplaires fe corrompent, falfifient, adulterent, & rechangent contre le fens & intention des autheurs, comme nous n'en auons que trop de preuues en main. Mais quelques plaintes que nous en ayons faict retentir depuis plufieurs annees, on ne met point pourtant la main à l'œuure, & perfonne ne trauaille pour y donner ordre, quoy qu'en cela il y ait grandement de l'intereft pour la Religion Catholique.

Car

Car il n'est que trop vray, que ceux qui s'arment de bec & d'ongle contre la verité de nostre Foy, taschent de changer ou alterer quelque mot, quelque syllabe, ou quelque lettre en l'Escriture Saincte, ou parmy les œuures de nos Docteurs, à fin d'engendrer entre nous vne confusion par la diuersité des leçons: Et comme ils sçauent que leurs impressions n'ont point de vogue, & ne sont bien-venues ez lieux où la vraye Religion a plus d'auctorité; & que mesme les Protestans publient la difference qu'il y a entre leurs liures, & les nostres, ils reparent ce defaut par la supposition du nom de ceste ville, du nostre propre & de nos enseignes, ou marques, n'espargnant non plus en cela plusieurs autres villes de l'Europe. Et poussant leur licence plus outre, ils attirent plusieurs de nos ouuriers en leur ville, allechez de leurs belles promesses, ou contraints de se rendre où leur Art s'exerce; & y sont aussi tost imprimez aux characteres de ceux qui president sur leurs ouurages.

Que si bien ils ont iusques à present trompé en ceste iniuste vsurpation vn million de bons esprits; neantmoins par la longueur du temps ceux-cy l'ont recognu, & eu depuis nos impressions autant suspectes, que celles de Geneue, croyants que tous les liures indifferemment, qui portent au frontispice le nom de Lyon, sont falsifiez, & à cause de ce les reiettent entierement & sans distinction. Ce qui n'a peu & ne pourra estre à l'aduenir qu'au tresgrand detriment & deperissement du commerce.

Tou

Toutes ces raisons (MESSIEVRS,) & le solennel serment qui auez au bien public, à vostre patrie, & à vos charges, vous doiuent esmouuoir d'empescher que ce mal tant preiudiciable à l'honneur & vtilité de vostre ville, ne rampe plus auant.

Ce que pourrez facilement faire, si par vostre credit vous procurez auec nous l'obseruation des Edicts de sa Majesté, à ce que d'oresnauãt on reprime ceste liberté de faire imprimer hors le Royaume, ce qui peut & doibt estre faict en vostre ville, sans reproche, voire beaucoup mieux qu'en nul autre lieu, à raison de la commodité du papier, bonté des characteres, experience des ouuriers, & capacité des Correcteurs. Ce sera vne action egalement honnorable & proffitable, d'ont la posterité vous loüera & benira, & nous obligera particulierement à porter nos plus frequents vœux vers le Ciel pour vostre conseruation & prosperité, comme

Vos bien-humbles, fideles,
& obeissans,

LES IMPRIMEVRS DE LYON.

RECVEIL DES RAISONS TRES-APPARENTES,

Sur lesquelles se fondent les plaintes, remonstrances, & demandes des Imprimeurs de la ville de Lyon.

Suppliants le Magistrat & les Superieurs de faire obseruer les Edicts & Ordonnances du Roy, concernants le faict de l'Imprimerie.

M. DC. XX.

BONVS CIVIS, ROSA

AV MAGISTRAT,
ET SVPERIEVRS DE
L'ANCIENNE, NOBLE, ET
ILLVSTRE VILLE
DE LYON.

'E s t le naturel des hommes de propo-
ser tousiours des difficultez aux choses
qu'ils ayment le moins, tant claires &
faciles soyent elles, pour retarder d'autant l'effect de ce qu'ils ne voudroyent
aduenir, & entrecouper son progrez d'vne infinité
d'allusions, ausquelles on applaudit le plus, & qui
sont les moins veritables. Car quoy que l'vn soit
d'egal poids à l'autre, & qu'il n'y aye nul argument
d'y contrarier, si ne peut tant la raison sur le vouloir, que l'vn ne soit contraint ceder à l'autre. En
ce predicament est constituee la Remonstrance de
vostre Imprimerie de Lyon, qu'il vous a pleu,
M e s s i e v r s, escouter ces iours passez, l'asseu-
rant, par vne singuliere bienueüillance, de luy faire
ressentir les effects particuliers du soing paternel que
generalement vous auez du bien public: & de vous
employer à bon escien, à ce que les Edicts & Ordonnances de nos Roys[a], les Arrests de leur Conseil priué [b], & du Parlement de Paris [c], & la sentence du

a François I.
l'an 1541.
Charles I X.
10. Septembre,
1572. emolo-
gué en Parle-
ment, le 17.
Auril, 1573.
b donné à Paris.
le 24. iour de
Mars, 1618.
c en May, 1571.
& 7. Sept. 1577.
& 12. d'Aoust,
1609.

A 2

Prefidial de cefte ville, fur ce rendue à voftre pour-
fuite, au mois de Iuillet de l'annee 1588. contre ceux
qui font imprimer hors le Royaume, ne foyent d'a-
uantage eludez & enfraints, au mefpris de tout droict
& equité : au peruertiffement d'vne bonne police,&
aneantiffement d'vn Art tant illuftre, & qui autres-
fois a grandement bonnifié tout ce pays:fi qu'vn chacun foit retenu au deuoir de bon citoyen. Ce qui de-
uroit plus que fuffire pour arrefter toute contrarieté,
fi la paffion pouuoit fe contenter d'autre payement
que de fa propre monnoye.

Novs entendons encor toutesfois quelques vns
de nos Contrerooleurs grommeler leur ancien pretexte de l'intereft priué : & voyons d'autres opinia-
ftrement denaturez en la volonté de Pieté, qui rend à
la Patrie la meilleure partie de fes bons offices,animez
plus que iamais de pointer leurs contrepointes, pour
fe faire toufiours voye aux eftrangers, à fin de leur
porter & donner le pain deub au prochain. C'eft ce
qui nous induit à raffembler icy en gros nos raifons,
lefquelles tout homme pourueu de la lumiere & co-
gnoiffance de l'equité iugera tres-propres pour defa-
bufer ceux-là,& affez fortes pour rabbattre & emouf-
fer du tout les traicts de ceux-cy:Et vous, Messievrs,
les verrez en fi grand nombre vtiles, vrgentes, & ne-
ceffaires, que pourrez eftre empefchez à choifir les
vnes pour les autres.

Protestant premierement de ne rien alleguer,
qui ne foit fondé ou fur le ciment de la verité, ou fur
l'auctorité de la Loy, ou fur la volonté du Prince, ou
fur le profit public,ou fur l'extreme neceffité,qui rend
le faict d'autant plus fauorable, que ceux qui le pour-

fuyuent

fuyuent sont contraints de se seruir de ces remedes,
& d'y ioindre le priuilege de la pauureté : la cause de
laquelle est dicte pieuse par les Legislateurs, & pour
euiter laquelle, comme vne espece de maladie conta-
gieuse, tous les hommes naturellement sont portez.
Aussi les interpretations & de la loy, & de ses gloses,
sont tousiours preferees aux riches, pour la faueur des
pauures, tels que nous pouuons estre, n'en demandant
autre preuue que celle de Messieurs nos Libraires,
qui n'ont tort de nous appeller morts-de-faim, pour
estre les premiers qui nous ont apporté les causes d'vn
si pitoyable tiltre.

Er ne faut qu'on trouue nouuelle ceste contro-
uerse parmy nous, ayant esté agitee, & debattue depuis trente deux annees, en plusieurs saisies faictes,
& non encore decidees, par les subterfuges, cauilla-
tions & promesses vaines des interessez : ou bien par
l'aduantage qu'ont les opulents. C'est plustost vne
longue & bonne coustume, ratifiee par vn commun
accord, de se maintenir en son exercice, laquelle hait
toutes sortes de nouuelletez, detrempees à la passion
de quelques particuliers nos demy-amis, se plaisans à
introduire des fraiches inuentions, pour diminuer le
gain qui se feroit, & obscurcir le prix & los de l'Imprimerie, qui a tousiours continué depuis sa premiere
saillie, iusques à ce que nos Roys, pour clorre la barrie-
re à ces nouueaux instituteurs & perturbateurs, nous
ont donné des Edicts, que nous gardons comme vne
caballe hereditaire : de maniere que nous en seruant
ainsi que de Loix, nos obiections se treuuent garnies
de belles & brillantes apparences, non estofees d'occasions nouuelles.

Eᴛ cela peut feruir d'aduertiſſement à ceux qui nous voudroyent nommer Monopoleurs : car ſi c'eſt monopole de procurer que les ordonnances des Roys ayent leur valeur, & que la ſaincte auctorité d'icelles ne ſoit prophanee par ceux qui excellent en ce qu'ordinairement les fait enfraindre, nous ſommes tresheureux d'eſtre auec tant de grands perſonnages pour ce faict Monopoleurs. En ceſte liberté de parler nous aurons pour maiſtres de ce beau monopole tout le Clergé, non de Lyon ſeulement, non de France, ains de toute l'Europe, qui ne void qu'à creuecueur les liures de Geneue honnorez du nom de Lyon, & des autres villes Catholiques. Voudroit-on qu'il fut muet voyant rauir à ceux de ſa Bergerie ce d'ont ils ſont de tous temps bons poſſeſſeurs ? & qu'il ne fuſt zelateur de la Iuſtice, pour ne procurer qu'vn chacun ayt le ſien ? A quel tiltre ſera-il permis à ceux de Geneue d'vſurper l'eſcuſſon & armes de France [a], d'Eſpagne [b] : de nos villes, le Nauire de Paris, le Lyon de ceſte ville [c], & des particuliers François les noms & marques : comme des Griphius [d] nos deuanciers tresexcellens & treſrenommez Imprimeurs : des Eſtiennes de Paris [e], deſquels nos Roys ont grandemét honnoré le merite : la couronne des Beraults : le compas de Plantin luſtre dernier de l'Imprimerie de Flandre: de Pierre Cheualier, libraire de Paris, le frontiſpice en taille douce, ſon nom & ſa marque du liure des Eſtats & Empires, & de tant d'autres [f], d'ont indifferemment eſt marquee la premiere page de leurs liures, qui ſous ces fauſſes enſeignes & paſſeports trompeurs ſont librement receus & fauorablement traictez par tout?

Hᴇ!

[a] l'Hiſtoire de Frãce par Matthieu, auec le nom de l'Imprimeur du Roy,&c.

[b] *Garſias de beneficiis*, & *Marta de Iuriſdictione.*

[c] *Corpus ciuile & Canonicum fol.* neuf volumes.

[d] Es liures pour les eſcholes.

[e] Es Hiſtoriẽs & autheurs Grecs.

[f] *Fabri Iuriſconſulti opera* en 13. ou 14. volumes, *Cõcordantia Bibliorũ*,&c. plus de vingt ſortes.

Marques doiuent eſtre particulieres, & differentes.

Arreſt du 7. Decemb. 1579.

HE! FAVT-IL que le temps donne tant de licence à la volonté des peruers, que sous ombre d'vne nonchalance, on oublie du tout la puissance du Legislateur? Quel tort pensez vous faire à la belle & heureuse memoire de nos Roys, mesmes de Charles IX. que la France surnommera tousiours son Hercul, souffrant qu'en la ville où tousiours s'impriment vne infinité de liures diffamatoires contre luy, contre ses successeurs, & contre la Religion qu'il a si bien soustenue (tesmoin le liure des Martyrs, d'ont n'aguieres il y eust saisie à la Doanne) l'on transporte l'exercice non seulement, ains l'honneur de l'Art qu'il a tant chery? sachant bien, que l'on doibt beaucoup fauoriser ceux, par le moyen desquels tant de biens se communiquent à la posterité?

ET puis qu'outre l'intention de sa Majesté, les sanctions Ecclesiastiques deffendent si expressement la publication de quelque liure que ce soit, sans l'approbation des Docteurs, nous demanderions volontiers, si les Imprimeurs de Geneue prennent ceste auctorité, ou de leur Consistoire, ou de nos Prelats? Des vns ils n'ont que faire : aux autres, dient-ils, nous ne voulons ennuyer la teste : & quoy que ce soit, pourueu qu'argent en vienne, ils les mettent au iour : & ce qui est directement opposé à la Majesté des Roys, qui representent en terre vne venerable Deité, ils le font croire estre imprimé en la plus Catholique ville de France *a* : & ce qui est contre le souuerain Prince de la Monarchie de l'Eglise *b*, ils le renomment de Rome, comme il se peut voir au catalogue des liures de la foire de Francfort.

AVPARAVANT le Concile de Trente, qui a donné

né

a Le liure des Martyrs.

b Brutum fulmen, & Passauantius.

Differences de deguiser le nõ du lieu de l'impression, Charles IX. 1572. art. 10.

né de beaux moyens d'obuier à ces fauffetez a, le Pape Leon X. à celuy de Latran dernier, fit vne treffainéte conftitution b, par laquelle, apres vne belle & honnorable recommandation de l'Imprimerie, il commande aux Prelats d'aduifer, que fans leur auétorité, permiffion, & approbation, rien ne fe puiffe imprimer : & foigneufement empefcher la publication des liures, le contenu defquels repugne à la Religion Catholique, excite les feditions, trouble les familles par calomnies, fcandalife la pieté, & charme l'entendement des leéteurs.

AVANT que paffer outre, nous defirons vous reprefenter icy mieux en detail l'infatiable volonté, aydee, fomentee, & aduantagee par celle deprauee de quelques vns nos concitoyens, laquelle ceux de Geneue ont de nous ofter toute l'impreffion, s'ils peuuent : Elle eft telle, pour vray, qu'elle les pouffe iufques là, de faire rouler fous leurs preffes les liures de nos Docteurs, voire des contraires à leur Religion, & tous liures que nous nommons de deuotion c : & que peut eftre fe licentieront-ils bien toft d'imprimer les Miffels & Breuiaires, fi la requefte d, qu'ils en ont prefentee à leur Seigneurie, eft accordee. Il n'eft que trop veritable, à noftre dommage, que de quelcóque fujet, mefme d'amour folaftre e, & de quelconque faculté nous & ceux de Paris ayons imprimé des liures, foit auec, ou fans priuilege du Roy, quelques frais & recópenfes qu'ó en ayt fourny aux Autheurs, ils n'ont fi toft prins l'effor, qu'eux comme Gerfauts hagards fondent de viftefle deffus, les tiennent en leurs ferres, & les traittent miferablement ; fi qu'il femble, que nous ne fommes deftinez, que pour leur feruir

uir de gibier, & de gorge : ou voirement que tout noſtre labeur & induſtrie ne ſoit que leur propre patrimoine. Nous ferons veoir, à qui voudra, vne auſſi longue & ample liſte de ces liures, qu'vn Inuentaire de boutique. C'eſt pourquoy, peut eſtre, iudaïquement, ou impudemment & impunement l'on voit les leurs, dans Francfort, marquees à ce tant honnorable & fameux tiltre D'OFFICINA LVGDVNENSIS. Ce-luy qui ny natif, ny habitant de Lyon, & toutes-fois comme tel y entreprint n'aguieres d'imprimer le liure d'vn Pere Ieſuite, quelle creance, ou quel deſ-ſein auoit-il ? Quels donc les pouuons nous eſtimer & nommer ? Plagiaires aumoins, ne voulant agir à preſent plus rigoreuſement contre eux, quoy qu'en ayons trop plus de iuſtes ſujets. Et ce mal, ce tort, ce crime doiuent, ou peuuent-ils eſtre tolerez, permis, authoriſez par nos Peres, nos Tuteurs, nos Prote-cteurs ?

Les lettres du R. P. Pontanus Ieſuite, au R.P. Recteur du College de ceſte ville declarent cecy.

MAIS venons à quelques obieƈtiós que nos Librai-res mettent en auant, leſquelles n'ont que l'odeur du gain, peu d'apparence du reſpeƈt à leur deuoir, & pour tout ne reſonnent qu'vn ie ne ſçay quel intereſt temporel : s'eſcrians que tout leur eſt plus propre, tout eſt à meilleur prix, tout eſt expedié plus dili-gemment à Geneue, qu'à Lyon.

NOVS reſpondons en trois paroles ſur ces trois poinƈts : Que leur preſence en la ville où ils reſident eſt vn grand aduantage à toutes ces eſtrangeres com-moditez : Que ceux qui trauaillent à moindre prix, ne peuuent faire autrement, ſe voyants exilez & ban-nis des lieux, où à plus grand gage ils ſouloyent exer-cer leur Art : Finablement qu'ils ne ſont ſi religieux obſeruateurs des feſtes dediées à la memoire des Sainᶜts, que nous : & que la condition de leur vie eſt autant diſſemblable auec la noſtre, que noſtre Calendrier auec le leur. Et toutesfois nous nous aduancerons iuſques là, que de fournir pluſieurs liures au meſme prix, qu'eux.

Dɪʀᴏɴᴛ-ils volontiers que les liures ſont mieux correts & mieux imprimez à Geneue ? Ouy, ſi la paſſion leur esblouyt du tout les yeux, & s'il y a entre eux quelqu'vn qui s'en puiſſe dire pertinēt iuge. L'air de Lyõ, quoy qu'il ſoit ſubiet à deux nobles fleuues, & qu'il s'en puiſſe reſſentir; ſi n'eſt-il moins fecond en beaux & gentils eſprits, que celuy du lac de Geneue. Nous auons des doᶜtes & ſubtils Theologiés, des graues & excelléts Iuriſconſultes, des habiles & bien praᶜtiquez Medecins, qui en l'Hiſtoire, en Philoſophie, aux Mathematiques, aux idiomes, & à tous les dialeᶜtes d'iceux ne cederont en rien aux Rabins de ceſte Synagogue : & ne manqueront iamais les induſtries des hommes, toutes les fois que le guerdon accompagnera le labeur, & que l'ignorance ne ſillera les yeux, pour ne pouuoir admirer & comprendre la beauté, la valeur, & l'excellence de la marchandiſe de l'eſprit.

Mᴀɪs où ſe recouurent ces incomparables & ingenieux ouuriers, d'ont Geneue eſt illuſtrée, pluſtot que Lyon ? Veritablement tels qu'ils ſont, ils ſe peuuent dire noſtres, & qu'ils nous doiuent l'apprentiſſage de tout ce qu'ils ont de bon en cet Art. D'vn faiᶜt nous loüons nous, qu'on ne nous reprochera iamais ce que tous les iours nous leur mettrons deuant les yeux, par la conference de nos exemplaires, l'integrité té defquels fe recognoiftra contre la bigarreure des leurs.

Oserons-nous,fans crainte de tant de fourcilleux repartemens, demander aux plus accorts, où fe font faicts tant de liures en Theologie, tant de belles Bibles, tât de Cours fur l'vn & l'autre Droict,tant d'amples volumes en Iurifprudence,& Medecine , depuis des centaines d'annees en ça?Qui donnera tant de carriere à fon affection,que de les vouloir nómer,eftrangers, pour les denaturalifer de Lyon, où ils ont efté conceus & enfantez heureufement,& depuis auortez à Geneue? Y a-il liure au móde tant eftrange,tant barbare,tant incognu,qui ne puiffe eftre le bien-venu en nos Imprimeries , & qui ne treuue incontinent telle forme qu'il voudra, pour s'enuoler par tout, & tefmoigner par là le luftre du lieu de fa naiffance , malgré ces degouftez, qui ne treuuent rien de bon aloy, que ce qui eft frappé à leur coing? Et Dieu mercy, on y treuuera plus que iamais de l'abondáce, & du chois, le nombre des Maiftres,& des ouuriers eftant accreu, depuis quelques annees, plus de la moitié.

De là meffieurs nos Marchands nous accufent de la rigueur du prix, que demandons iuftement pour l'impreffion de leurs liures.Et nous fommes côtraints de nous plaindre de l'inflechiffable vouloir d'ont ils nous traictent en nos conuentions, fi auant, qu'il ne nous eft poffible de penfer à aucun profit. Ou bien nous alleguant leur afyle & refuge pour contentement,ils portent à Geneue, ce que par force nous refufons, ne pouuants ce qu'ils n'ont enuie que nous puiffions , tant l'affection dereiglee qu'ils ont aux autres,les tranfporte contre l'amour de leur ville,& contre la charité Chreſtienne, qui ordonne de contribuer ſes biensfaicts à ſoy, & puis à ſes plus proches. Ils peuuent maintenant reſſentir le dommage qu'ils ſe ſont procuré, d'auoir donné tant de cognoiſſance à ceux de Geneue des liures de meilleure debite, & de les y auoir ſi longuement & à bon eſcien adſiſté, puis qu'en effect ils en ſont deuenus beaucoup plus riches qu'eux: & que iournellement ils les voyent courir ſur leur traffic, & par tout l'emporter ſur eux. Et ne ſera ſuraduancer au compte, de leur propoſer vn ſeul de Geneue *, qui a imprimé, & imprime plus de liures, que les trois premiers en commerce d'entre eux. Aux frais & de l'argent de qui, leurs bourſes ne l'ont ſçeu que trop ſouuent, & pluſieurs des noſtres, qui en ont ſouffert d'autant de la diſette : mais non ceux qui ont intereſt à la ſortie de l'or & de l'argent hors de France, puis que l'on n'en a veu le chaſtiment merité. Qu'ils diét de grace quels remedes ils ont rapporté, ou péſent de donner à ceſtuy leur detrimét : non plus qu'à reprimer l'expoſition ſi libre, ſi frequente & abondante ; ſi barbare & iniuſte des liures que leurs corriuaux ont imprimé côtre & au preiudice des priuileges du Roy obtenus par leurs compatriotes ? Iuſques icy nous n'en auós rien recognu. Et cela n'eſt-ce pas eſtre inſenſible à ſon bien, & du tout mort en la charité Chreſtienne ?

Novs ne deſirerions parler ſi auant de leur traffic, ny des tournoyements de leur negoce : mais lors qu'ils veulent roidir contre nous tant de ſortes d'obiections, ils nous portent à dire librement & veritablement, qu'au plus cher prix qu'ils nous payent, ils gaignent preſque les deux tiers ſur les ouurages qui ſortent de nos mains : & que la feuille qu'ils vendent quatre deniers,

* Candole.

niers, ne leur reuient qu'à vn denier & demy. Ils
sçauent trop mieux, que les Libraires de Paris payent
pour la iournee de leurs Imprimeurs d'auantage
qu'eux beaucoup, quoy qu'ils fassent vn quart de be-
songne moins que nous ; de mesme qu'en toute autre ville, où il y a Imprimerie reglee. N'ont ils pas
donc des occasions bien appointees de nous traicter
en telle sorte, & de se plaindre des aduentures, &
autres inconueniens, qui leur peuuent arriuer, desquels ny eux, ny nous ne pouuons estre exempts,
n'ayant les hommes vn arrest diffinitif contre cela? &
de ne faire aucun estat ny mise de ceux qui suruiennét
ordinairemét en l'Imprimerie, qu'ils cognoissent assez, & qu'ils ne veulent toutesfois aucunement recognoistre ? Vrayement en cestes leurs pretendues per-
tes, s'il faut suyure l'amour de la patrie, & la charité, qui nous enflamme, outre l'instinct naturel, à desi-
rer aux autres ce que nous voulons pour nous, nous
ne serions marris de les veoir aux extremitez que fut
cet excellent traffiqueur, qui ayant tout perdu par vn *Zeno Citticus.*
nauffrage, s'escria aussi constamment que sagement:
Ha Fortune ! ie voy bien que tu veux ? tu m'appelles à la Philoso-
phie : ie cours où tu m'appelles : de maniere que d'vn auare
marchand, il fut faict insigne Philosophe, plus riche
au mespris, qu'en la possession des richesses: Ainsi eux,
de trop grands Libraires, deuiendroyent tous tels que
nous sommes, petits Imprimeurs: car ils se retireroyét
à l'Art, qui les a nourry & esleué, & essayeroyent la
pitié, qu'ils ne peuuent imaginer estre en nous.

Ils nous menaçent de nous laisser oysifs. Telles
allarmes se lancent contre vous, Messievrs, qui ne
deuez permettre l'oysiueté empieter en vostre ville:

ains à la mode des anciens, faire rendre compte à chacun de l'art & profeſſion, qui le nourrit ; de peur que l'excellence d'icelle ne ſe conuertiſſe en vne tanniere de faixneants. Que ſi la Loy commande de contraindre ceux qui n'ont point de meſtier d'en apprendre, elle veut auſſi que ceux qui les ont, les exercent.

Le pouuoir ne leur deffaut, non plus que la volonté, ſi l'intereſt ne les refroidit, & qu'vn bon reglement le leur permette, de dreſſer en leurs maiſons des Imprimeries : & à nous ne manque vne bonne enuie de vendre les noſtres, puis qu'en effect ils conſpirent du tout à l'aneantiſſement d'icelles : & que nous eſtimõs tout vn n'auoir aucun moyen, ou d'en auoir inutilement. L'argent qui en prouiendra bien aſſaiſonné nous entretiendra nous & noſtre famille.

Il n'y a ſi petite bande d'artiſans, qui ſelon l'occurrence & la difficulté des ſaiſons, n'ayt enchery ſes ouurages plus de la troiſieme partie : & nous obtemperans au vouloir de meſſieurs les Libraires, quoy que les papiers & formes des liures ſoyent aggrandies, & tant de diuerſitez de caracteres de nouueau inuentees, ſurchargeans beaucoup nos labeurs, & en augmentans les frais & deſpenſes ; nous n'auons toutesfois hauſſé les conuentions ordinaires depuis trente ans en ça, que de deux ſols, comme il appert par les liures de nos peres : & ſi cela n'a ſuffy du tout à l'accroiſſement des gages de nos ouuriers, ny à tant & plus d'autres choſes neceſſaires pour leurs ouurages, deſquelles de iour à autre on ſurhauſſe le prix. Encore ſerons nous contents de demander moins, quand l'infelicité du temps nous ſera plus heureuſe. Ceux qui deſirent tant le bon marché pour eux, le doyuent

auſſi

auſſi procurer pour les autres, recognoiſſans que nous ſommes hommes comme eux, & membres d'vne meſme Republique, ſous vn meſme Chef. Ils doyuent conſiderer que les richeſſes ſont miſerables acquiſes au detriment des mercenaires;& que volontiers elles s'enrouïllent par les larmes de ceux qui les regrettent. Il eſt autant odieux à la nature,qu'à la ſocieté des hommes,de veoir les vns s'enrichir à la perte des autres. Regle bien authentique, & digne d'eſtre miſe ſur tous les magaſins de voſtre ville,qui pour ſon inſigne commerce eſt ſi celebre. Il ne faut pas que ce qui eſt deffendu aux vns,ſoit permis aux autres. Il appartient au Magiſtrat de faire obſeruer vne telle iſonomie & egalité aux choſes,qui viſent au public,que l'vn ne ſoit foulé pour l'autre,& que l'exces des riches ne s'augmente à l'iniure & deſeſpoir des autres. Et en cela vous prattiquerez ce ſerment tant ſolemnel, que les Grecs nommoyét Illiaſtique, vous obligeant à obſeruer le droict,ſans forligner de la raiſon.

Qᴠᴇ ſi l'authorité des Paſteurs de nos ames,la volonté de nos Rois, le droict & l'equité, & la venerable recommendation de la Pieté ne treuuent place en l'ame de ces meſſieurs, qu'ils ne veuillent ranger leur rigueur en compaſſion,leur auſtere reſolution en bon accord, la neceſſité, ingenieuſe maiſtreſſe des Arts, nous induira à recourir où il faut, & nous donnera l'eſpoir de ce que nous deſeſpererions. Par force ils feront ce que par prieres ils refuſent : ou bien l'Egliſe,le Roy,le Magiſtrat authoriſera ce que directement contredit à leurs ſainctes ordonnances,& ſouffriront que tort ſoit faict à qui ne le doibt porter, ny endurer.

Tʀᴇѕ

Tres-saincte donc, tres-iuste, & digne d'vne
memoire eternelle, voire d'estre enregistree és archi-
ues de la France, est la deffense, qui coupe chemin à
ceste trop dommageable licence de faire imprimer
aux terres heretiques & estrangeres, sur les peines que
nosdits sieurs Libraires sçauent assez : mais qu'ils ne
redoutent point, puis qu'ils s'en secoüent si impunement : ou bien qu'ils y trouuent tant de biais & sen-
tiers obliques, obstinez à ne transmarcher d'vn pas de
ce pernicieux trac, tantost colant aux premieres pa-
ges des liures imprimez hors de France, des billets de
noms de villes qui se peuuent apres oster : Tantost les
egratignant & deguisant : ou les supposant à faict :
Tantost s'accordant trois ou quatre de prendre toute
l'impression d'vn liure entrepris à Geneue, qui est volontiers de mille ou quinze cents exemplaires, en fai-
sant venir vne fois cinquáte, l'autre cét, iusques à l'entier accomplissemét, sous pretexte que c'est pour leur
assortiment ; à quoy 12. ou 20. au plus doyuent suffire
de toute ladicte impression, sinon des liures pour les
escholes. Et ceux-cy les Imprimeurs de ceste ville
s'offrent de les imprimer & mieux, & à tel prix, que
si le desir du gain n'excede les limites, ils auront dequoy s'en contenter.

Vovs voyez (Messievrs) sur quel piuot tour-
ne nostre cause, & la solidité de nos raisons, qui ne
s'entretaillent aucunement par quelque transport de
passion, & qui feront recognoistre aux gens de bien
qu'elle est dressee au niueau & selon la regle de l'equité. C'est l'intention du Roy, qui veut le bien des siens,
& qu'ils n'aillent mandier ailleurs ce qu'ils peuuent
commodement trouuer en son Royaume : C'est le

profit

profit de voſtre ville & du general & des particuliers:
C'eſt ce qu'il faut pour ioindre la Iuſtice à la Pieté.
Que veut-on d'auantage?

N o v s atteſtons librement nos conſciences, & noſtre foy, que ce n'eſt ny pour forcer leur vouloir au
maniment de leur cheuance à noſtre deuotion, ny
quelque ſouuenance de la rigueur qu'ils ont tenu par
le paſſé enuers nous, que nous nous opiniaſtrons à ceſte
pourſuite. Mais celuy ne fait tort à perſonne, qui
vſe de ſon droict, quand meſme la neceſſité l'y pouſſe.
Et la loy eſtime tout vn faire quelque choſe quand la
neceſſité cōtraint, & quand l'vtilité le perſuade. Nous
nous ſeruons en ce faict de tous les deux; mais diuerſement:
car la neceſſité demeure à nous, qui ne ſerons
de long temps remplumez: l'vtilité eſt pour eux &
pour toute voſtre ville. De là naiſſent pluſieurs beaux
axiomes, dignes d'eſtre bien conſiderez:

O n doibt preferer le bien public au particulier.

L e droict fauoriſe ceux qui taſchent d'euiter leur
perte, pluſtoſt que ceux qui taſchent d'accroiſtre leurs
facultez.

L e nerf, qui donne mouuement à la loy, eſt de permettre
& de deffendre: l'Edict du Roy permet l'impreſſion
aux Libraires en ceſte ville, & en ſon Royaume,
& la deffend à Geneue, & aux pays eſtrangers.

L a loy preueoit où la preuoyance des hommes
deffaut: l'Edict du Roy ne tend qu'à releuer nos ruynes
cauſees par la mauuaiſe volonté de pluſieurs.

L a loy ne permet perſonne viure en pauureté, ny
mourir en ſouffrance: l'Edict du Roy veut que nous
viuions de noſtre Art, & que Geneue n'aye le premier
boüillon de noſtre marmite.

C

QVAND nous n'aurions ny loy, ny ordonnance, la seule raison, qui est l'ame des deux, nous seruiroit d'vn Edict, contre ceux qui en font si peu de cas: Mais puis que par la grace de sa Majesté nous auons des Edicts emologuez & en la Cour de Parlement, & en vostre Seneschaussee, quels pretextes auront-ils pour contrefaire si mal à propos les reuesches à vne si saincte ordonnance?

S'IL appartient à la Republique d'amplifier toutes sortes de graces en faueur des lettres, pourquoy taschera-on de nuire à l'Imprimerie, qui est la premiere Dame d'honneur des sciences?

NOVS sçauons bien que comme tout le corps entier ne se rapporte tout à vn bransle: aussi en vne ville, où toutes choses sont bien instituees, quoy qu'il y aye diuerses actions, si ne sont elles partant au preiudice les vnes des autres, estant prinses & moulees sur le patron de l'vtilité publique.

QVEL honte est-ce que tant de ieunes gens vaguent & berlandent en vostre ville, à faute d'estre occupez au trauail? Et quelle vergongne de veoir tant de testes blanches & chenues defaillir au temps qu'ils ont le plus besoin d'ayde & d'entretien? Peuuent-ils messieurs nos marchands n'auoir regret de laisser ainsi abastardir & dissiper la pepiniere des beaux fruicts de leurs vergers, l'ornement de leurs boutiques & magasins, & le premier fondement de leurs grandes & amples richesses? Faut-il laisser mourir de faim en hyuer les bœufs, qui ont labouré les champs en esté?

Rosinus de Nu-
ma Pompilio.
CE sage & religieux Legislateur des Rommains, qui institua des Colleges tant insignes, pour enrichir sa ville de diuers arts & mestiers, les honnorant de tãt

de

de beaux priuileges, & Alex. Seuere tres-vertueux *Refert Lampri-*
Empereur leur aſſignant des gages tres-amples, blaſ- *dius.*
meroiét ſeueremét la negligence de ceux,qui laiſſent
croupir l’vſage de ces excelléts monuméts,que les ſie-
cles entreſuyuants nous ont donné pour noſtre bien.

En fin nous rappellons meſſieurs nos Libraires à
leur conſcience: les prions vne fois pour toutes de
la bien taſter, ſonder & iauger. Elle leur fera infal-
liblement auſſi toſt aduoüer nos plaintes & demandes
treſ-iuſtes: les rendra eux meſmes deffenſeurs de l’e-
quité,nous deffendant : & leur minutera le breuet de
leur condamnation, ſans appel. Ainſi elle reprenant
ſon calme, & nous l’exercice de noſtre vacation, l’on
verra bien toſt l’Imprimerie de ceſte ville reprendre
la beauté de ſon taint & luſtre, que ces froides volop-
tez,& le vent d’Aquilon hoſte du lac Leman, ont ter-
ny & enleué:ſa renómee luy ſera rendue,& tous ceux
qui cheriſſent & honnorent les ſciences, & les gens
de bien en ſeront grandement eſiouys & ſatisfaiçts.

Qve ſi encore toutes ces conſiderations & reſ-
peçts ne peuuent rien gaigner ſur leur volonté opi-
niaſtrement & à tort alienee de nous, l’entremiſe de
voſtre auçtorité & pourſuite (Messievrs)range-
ra, ſans doute,vn chacun à ſon deuoir: & le ſoing
qu’aurez de faire exaçtement obſeruer & entretenir
ce qui en eſt & ſera ordonné , perpetuera en nos
cueurs l’obligation de ſolliciter continuellement la
diuine Majeſté,par nos plus ardétes prieres,de vous en
recompenſer de toute proſperité, & de nous conſer-
uer à touſiours en la bienhumble, fidele,& obeyſſan-
te affeçtion,que doyuent à vos illuſtres Seigneuries

LES IMPRIMEVRS DE LYON.